Sunnhild Reinckens

Michel, Clown
& Zwergenkind

Mini-Puppen
selbst gemacht

CHRISTOPHORUS

BRUNNEN-REIHE

SEIT MEHR ALS 30 JAHREN STEHT
DER NAME „CHRISTOPHORUS" FÜR
KREATIVES UND KÜNSTLERISCHES
GESTALTEN IN FREIZEIT UND BERUF.
GENAUSO WIE DIESER BAND
DER BRUNNEN-REIHE IST JEDES
CHRISTOPHORUS-BUCH MIT
VIEL SORGFALT ERARBEITET: DAMIT
SIE SPASS UND ERFOLG BEIM
GESTALTEN HABEN – UND FREUDE
AN SCHÖNEN ERGEBNISSEN.

© 1999 Christophorus-Verlag GmbH
Freiburg im Breisgau

Alle Rechte vorbehalten –
Printed in Germany

ISBN 3-419-56048-6

Styling und Fotos: Roland Krieg, Waldkirch
Umschlaggestaltung: Network!, München
Produktion: Print Production, Umkirch
Druck: Freiburger Graphische Betriebe, 1999

CHRISTOPHORUS
Bücher mit Ideen

Inhalt

Mini-Puppen zum Spielen

Ein Kind hat zwischen dem 3. und 5. Lebensjahr das Bedürfnis, mit kleinen beweglichen Puppen das Leben der Erwachsenen im Rollenspiel nachzuspielen. Am beliebtesten ist das Puppenhausspiel, wofür das Kind kleine, standfeste und solide gearbeitete Puppen benötigt.

Seit Jahren gibt es auf dem Spielzeugmarkt Figuren mit Sisalschnur-Gelenken und bemalten Holzköpfen. Als ich vor zwei Jahren solche „Rohlinge" ohne Holzkopf entdeckte, versuchte ich, einen weichen, abgebundenen Kopf darauf zu arbeiten und Puppenstubenkinder zu entwickeln, die auf Grund der etwas zu großen Holzfüße und der biegsamen Sisal-Gelenke optimal alle Bewegungsabläufe eines Menschen nachvollziehen konnten. Durch das Umwickeln der Sisalschnur mit Schafwolle wurden die Püppchen auch im Ganzen weicher und rundlicher.

In diesem Heft stelle ich Ihnen viele unterschiedliche kleine Puppenkinder vor, die alle aus der Überlegung entstanden sind, wirklich spielbar, handfest und künstlerisch ansprechend für das Kind zu sein, damit dieses die unterschiedliche Welt der „Großen" in seiner fantasievollen, kleinen Welt spielen und erleben kann.

Ich wünsche Ihnen viel Freude und gutes Gelingen beim Arbeiten der kleinen Puppen.

Material und Technik

Material

Holzrohlinge (9 cm und 11 cm), hautfarbener Trikotstoff, Strickschlauch. (1 cm und 4 cm breit), Schafwolle oder Synthetik-Watte, Granulat, festes Garn, Schlauchbinde (1 cm breit), Woll- und Fellreste, bunte gefärbte Schafwolle (Märchenwolle), verschiedene Reste von Baumwollstoffen (Niki), Puppenklebstoff, Federhalter, Stoffarbe, Knöpfe, Spitzen.

Am Anfang steht immer der kleine Holzrohling. Ihn gibt es in drei unterschiedlichen Größen. Für die Puppen in diesem Heft benötigen Sie die Größe 9 cm und 11 cm. Die Grundmaterialien gibt es in Fachgeschäften und können durch Ihren eigenen Vorrat an bunten Stoffresten und verschiedenster Accessoires ergänzt werden.

Kleidung

Für alle Overalls gibt es einen Grundschnitt. Kittel, Kleider, Röcke und Hosen werden durch 1,5 cm Stoffzugabe an Armen und Beinen für die 11 cm großen Puppen erweitert oder für die 9 cm großen Puppen verkleinert. Alle Schnitt-muster gelten für eine Puppengröße von 9 cm einschließlich Nahtzugabe, außer Schnitt B, H, J2, L, T und V, diese beziehen sich auf eine Puppengröße von 11 cm. Machen Sie sich von den häufig verwendeten Schnitten am besten Schablonen, die Sie auf den Stoff aufstecken. Dann können Sie den Stoff ausschneiden.

Strickschläuche gibt es einfarbig und geringelt. Wie Sie Strumpfhosen oder Strümpfe anfertigen, finden Sie auf Seite 20. Manche Puppen haben „Stulpen" über den Holzfüßen, wodurch die Füße einen besseren Halt bekommen. Anderen habe ich bunte Schuhe gemalt oder den Holzfuß so belassen.

Es ist gut, wenn Sie sich vor Beginn der Arbeit einen längeren, 2,5 cm breiten Gesichts-Trikot-schlauch nähen, den Sie dann mühelos über den Kopf ziehen können.

Sie können einfache Kugelkopf-puppen (siehe „Krabbelkinder") herstellen oder Puppen mit abge-bundenen Köpfen. Sie müssen nur darauf achten, daß der Kopf nicht zu groß wird. Das gilt besonders für die größe-ren Puppen (11 cm).

Haare

Auf dem Schnittmusterbogen finden Sie auch Anleitung und Vorlagen für Perücken aus Fell-resten (Vorlage 1 und 2). Gehäkelte Haare und den Spannstich für Haare aus Wolle finden Sie auf Seite 8 erklärt, Haare – besonders Zöpfe – aus Märchenwolle auf Seite 12.
Falls Sie spezielle Fragen haben oder falls sich in Ihrer Nähe kein Fachgeschäft befindet, über das Sie die Materialien zum Puppenmachen beziehen können, dürfen Sie sich gerne an die Autorin wenden:

Die Puppenstube
Sunnhild Reinckens
Fiedelerstraße 12
30519 Hannover

Die Herstellung der Puppe

Abb. 1

Die Gliedmaßen mit wenig Puppenkleber einstreichen und mit Schafwolle umwickeln. Auch weiße synthetische Wolle ist geeignet, aber schöner und besser zu arbeiten ist die langfaserige Schafwolle.

Abb. 2

Zwei etwa 4 cm² große Trikotläppchen um die Holzhände binden und fest um den Arm wickeln. Die Sohlen mit Klebstoff einstreichen, und die genähten Fußstulpen aus Niki, Trikot oder ähnlichem Stoff über die Füße ziehen. Die Beine ebenfalls umwickeln. Für den Kopf eine etwa 10 – 12 cm lange und 1 cm breite Schlauchbinde an einer Seite fest abbinden oder mit einer Nadel zusammenziehen. Den umgestülpten Schlauch mit Wolle füllen.

Abb. 3

Das Halsstöckchen mit Leim einstreichen und in den gefüllten Kopf führen. Mit der linken Hand denSchlauch fest auf den Holzkörper drücken und mit der rechten Hand den Hals mehrmals fest abbinden. Danach den restlichen Schlauch auf dem Holzkörper festkleben.

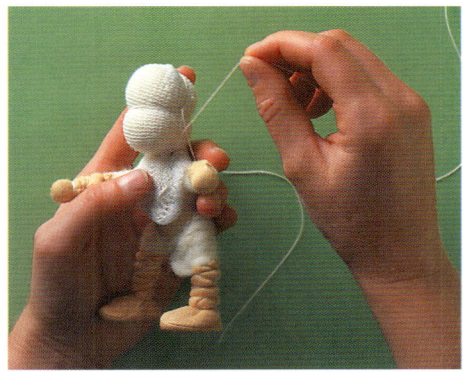

Abb. 4

Einen langen, stabilen Faden 3x fest um die Mitte des Kopfes als Augenlinie wickeln und 2x senkrecht als Bäckchenlinie. Der Faden wird am Ausgangspunkt 3x fest verknotet. Anschließend werden beide Schnittkanten gut vernäht.

Abb. 5

Die Hinterkopffäden werden in den Nacken heruntergezogen. Mit einer Stecknadel wird im Gesicht ein winziges Näschen herausgehoben. Den Nasenhügel mit etwas Klebstoff dünn einstreichen und die Trikothaut über den Kopf ziehen, fest am Hals abbinden und die Reste an den Körper kleben. Die obere Kopfnaht der Trikothaut schließen.

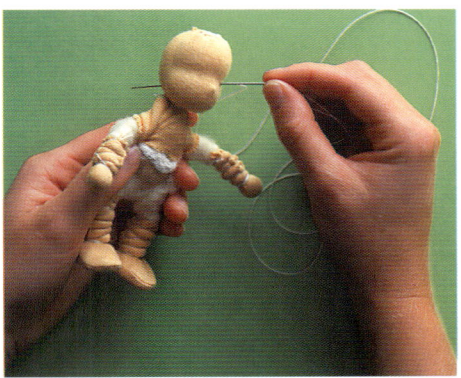

Abb. 6

Die Augen mit Bleistift markieren, wobei zu beachten ist, daß sie nicht zu eng zueinander stehen. Mit einer dünnen Nähnadel und festem Faden die Augen sticken: Den Faden auf der rechten Seite des Kopfes vernähen. Von da aus in den Kopf stechen und zum rechten Auge herausstechen. Eine Masche einstechen und mit der Nadel auf der gegenüberliegenden Kopfseite schräg unten herausstechen. Von dort in das linke Auge, wieder eine Masche einstechen und zurück zur linken Kopfseite gehen. Dort den Faden gut und fest vernähen. Unter den Achselhöhlen wird der Trikot mit wenigen Stichen fixiert, damit die Sisalschnur nicht durch den Holzkörper rutschen kann. Beim Malen des Gesichtes darauf achten, daß Augen und Mund ein gleichschenkliges Dreieck bilden.

7

Krabbelkinder

Vier kleine Krabbelkinder spielen im Sandkasten oder gehen auf große Fahrt. Auch ein Mini-Baby (7,5 cm) spielt mit. Alle außer dem farbigen Vater haben runde Kugelköpfe. Um die Kinder etwas kleiner und gedrungener zu machen, habe ich das Holzstäbchen um 1,5 cm verkürzt. Alle vier Kinder tragen einen Niki- oder Baumwoll-Overall, der mit Rollnaht an Füßen und Händen fest angenäht wurde.

Die Gesichter sind zart mit einer Stecknadel oder einem Federhalter und Stoffarbe bemalt. Die Kugelköpfe wurden mit Spannstich bestickt: Mit einem langen, weichen Wollfaden sticken Sie vom Scheitelpunkt aus die Haare sternförmig an den Gesichtsrand. Anfang und Ende des Fadens können auch auf der Kopfmitte stehen bleiben, dadurch entsteht ein kleiner Pferdeschwanz. Bei Jungenfrisuren vernähen Sie den Faden im Kopf und schneiden ihn kurz ab. Sticken Sie so lange, bis keine Kopfhaut mehr zu sehen ist.

Dem afrikanischen Vater und seinem Sohn habe ich winzige Lockenperücken gehäkelt: Mit schwarzer Lockenwolle häkeln Sie 3-4 Luftmaschen. Stechen Sie mit fester Maschen in jede Masche ein, und häkeln Sie so ringförmig weiter, bis eine kleine Kappe entsteht. Diese passen Sie dem Köpfchen an und nähen sie mit winzigen Stichen am Rand fest.

Vorlagen: B, C, U

8

Puppenhaus

Abb. S.10/11

Ein schönes Holzhaus steht auf der Wiese. Letzte Vorbereitungen werden für den Besuch der Großeltern getroffen. Die beiden blonden Zwillingsschwestern tragen einen Niki-Overall und darüber einen Kittel.

Wichtig ist für das spielende Kind, daß es seine kleinen Figuren auch an- und ausziehen kann. So gibt es zu den festgenähten Kitteln und Hosen immer einen Schal, ein Tuch oder eine kleine Weste, um dem kindlichen Spiel noch mehr Freiraum zu lassen.

Der Vater hat eine kleine Lockenperücke, Großvater und die beiden Kleinen gestickte Haare.

Zöpfe: Ein kleiner Strang Märchenwolle wird senkrecht und quer auf das Köpfchen geklebt und durch einen Mittelscheitel festgenäht. Die Haare werden geteilt und am Zopfansatz ebenfalls fest an den Kopf genäht. Erst wenn sie fest an beiden Seiten vernäht sind, können die Zöpfe geflochten werden.

Vorlagen: 2, A–F, V

12

Kinder unserer Erde

Abb. S.14/15

Fast alle Kinder haben heute in unserer multikulturellen Gesellschaft Kontakt mit Kindern anderer Nationen. Da ist Aki, die kleine Japanerin mit dem bunten Kimono und den zart angedeuteten schrägen Augen, und Carlos, der Peruaner mit der gebräunten Haut. Selam aus Eritrea hat eine gehäkelte Perücke mit winzigen Perlen, und Lisa hält Teipeih an der Hand, der einen geflochtenen Kopfschmuck trägt. Sein Leinenhemd ist mit einem Freundschaftsband benäht.

Die Kinder unserer Erde – integriert in das Rollenspiel unser Kinder.

Vorlagen: **B, C, F–H, K, W, Y**

13

Manege frei!

Die Beweglichkeit der Puppen ist besonders auf
diesem Bild erkennbar. Da schlägt Clown Beppo ein
Rad, die quirlige, rotgelockte Fiene tanzt auf einem
Bein; Tilda, die Jüngste, hängt am Seil, und Onkel
Till und Tom üben die Löwen-Nummer.

Wie gerne spielen Kinder Zirkus, gerade wenn sie
die entsprechenden Tiere dazu haben und sich
selbst aus Samt und Sägespänen eine kleine Manege
bauen können.

Für diese Püppchen können Sie sich noch weitere
fantasievolle Kleidung ausdenken – vielleicht auch
eine Zirkusprinzessin?

Vorlagen: B, C, F, J 1–J 2, I und 2

16

In der Bauernscheune

Auch das Spiel mit Bauernhoftieren ist im Alter von 4-7 Jahren sehr beliebt. Viele Kinder haben einen eigenen Holzstall, der dann zum Weihnachtsfest oft als Krippenstall benutzt wird. Hier habe ich zwei 11 cm große Puppen als Bauer Jochen und Bäuerin Hilde eingekleidet.

Jochen hat halbe Hosen an, die am Bein eingekräuselt wurden. Zwei „Lederstulpen" sind ihm als Gummistiefel zünftig übergezogen. Der kleine Jonas trägt einen Overall und eine Lederschürze. Die Lockenperücken aus Fellresten werden nach dem Zusammennähen fest auf den Kopf geklebt und mit winzigen Stichen ringsherum befestigt.

Vorlagen: A–C, F, M–O, P 2, V, I und 2

Michel und Pippi

Zu den beliebtesten Vorbildern in der Kinderliteratur zählen zweifelsohne der freche Michel aus Lönneberga und die rothaarige Pippi Langstrumpf. So frei und ungebunden wie die schwedischen Vorbilder können unsere Stadtkinder nicht mehr sein. Um so attraktiver kann ein Mini-Michel oder eine Mini-Pippi für das spielende Kind werden.

An Pippi können Sie genau die verschiedenfarbigen Ringelstrümpfe erkennen. Beim Annähen ist auf folgendes zu achten: Einen 8-9 cm langen und 1 cm breiten Strickschlauch über das Bein ziehen. Vorher sollten am unteren Ende mit Nadel und Faden alle Maschen aufgenommen und am Fußende fest zusammengezogen und vernäht werden. Das obere Teil wird auf den Holzbauch geklebt.

Wenn ich Ringelstrümpfe nähe, bekommen die Püppchen immer noch eine kleine Unterhose an. Sie können auch aus einem 4 cm breiten Strickschlauch eine Strumpfhose nähen, die dann über Fuß und Beine gezogen wird.

Vorlagen: **B, C, M, P 2, Z**

Im Zwergenwald

Die Welt der Zwerge und Gnome wird auch im Spiel von den Kindern erlebt und nachempfunden. Aus Wurzeln und Waldfrüchten werden Höhlen und Hütten gebaut. Das Kind wird angeregt, sich durch Naturmaterialien in seine Märchenwelt zu vertiefen.

Die unterschiedliche Kleidung, die verschiedenen Bärte aus Schafwolle und Fellresten lassen Ihnen die Möglichkeit, originelle und liebenswerte Wald-Wesen zu erschaffen. Sollen noch zwei Zwerge und ein Schneewittchen hinzukommen, ist ein Märchen fast fertig.

Das Zwergenbaby im geflochtenen Körbchen ist genauso groß wie das Puppenstubenbaby. Es hat einen Kugelkopf, und der Körper wird mit Granulat oder Wolle gefüllt. Die Haare bestehen nur aus Streifen von Fell, die unter die Mützchen geklebt werden.

Vorlagen: A–C, E–G, N, P I–P 2,

Über Tische und Bänke

Abb. S.10/11

Brav sitzt Magdalena auf der kleinen Holzbank und hält ihre Zuckertüte fest. Um sie herum ist ziemliches Tohuwabohu — das liegt wohl daran, daß Michel aus Lönneberga auf der Schulbank tanzt!

Als Überraschung in der Schultüte ist so ein kleines Holzpüppchen mit Mini-Ranzen und Zuckertüte ein beliebtes „Trösterchen" oder auch Maskottchen. Eine Erinnerung an den ersten Schultag.

Vorlagen: A–C, F, R, Y

23

Vor der Ritterburg

Im ersten Schuljahr hören Kinder oft zum erstenmal
die Sagen und Geschichten von Rittern und Edel-
fräulein. Manchmal ist eine Holzburg vorhanden, die
mit entsprechenden Bausteinen um- und ausgebaut
werden kann.

Hier habe ich Ihnen zwei stattliche Ritter gearbeitet.
Genau wie bei Bauer Jochen sind die Stulpen –
diesmal aus Samt und goldenen Bändern – über die
Overallbeine gewickelt. Aus Goldresten und -bändern
entstehen Kettenhemden und aus Filz ein abnehm-
barer Ritterhelm. Ein Schaschlik-Spieß mit Alu-Folie
umwickelt wird zum Speer.

Auch hier lassen sich noch viele fantasievolle
Figuren und Zubehörteile entwickeln.

Vorlagen: A, L 1–L 4, N

Hänsel und Gretel

Zwei 9 cm große Püppchen wurden als Hänsel und Gretel eingekleidet. Ich dachte mir, daß diese Puppen gerne gearbeitet werden, wenn zu Weihnachten ein Hexenhaus für die Familie gebacken wird.

Die Nase der Hexe (11 cm) ist etwas spitzer geformt, und in Mundhöhe wird ein fester Faden eingezogen. Dadurch bekommt die Hexe ein „giftigeres" Aussehen. Die Haare sind aus grauer Schafwolle auf den Kopf geklebt und mit kleinen Stichen am Scheitel fixiert. Auf Stirnhöhe werden die Haare zu einem kleinen Knoten gedreht.

Bei allen drei Figuren wirken die schlichten Holzfüße am besten.

Vorlagen: B, C, H, M

Hochzeitspaar

Ein sonniger Septembertag – die letzten Blüten sind
dem Hochzeitspaar von dem kleinen Mädchen auf
den Weg gestreut worden.
Warum ein Hochzeitspaar? Spielen Kinder damit? Ich
habe mir gedacht, daß dieses Puppen-Paar speziell
als Geschenk für Erwachsene zur Hochzeit gearbeitet
werden kann. Eine liebevolle Erinnerung an einen
besonderen Tag. Vielleicht kann man sogar die Haar-
tracht und die Haarfarbe des Paares bei der Her-
stellung der Puppen mit berücksichtigen.

Sollte das Paar nach einiger Zeit dann Kinder haben,
die mit Puppenhaus-Puppen spielen wollen, ist es ein
leichtes, der Puppen-Braut Schleier und Kleid abzu-
nehmen und einen schlichten Rock oder eine Hose
zu nähen. Auch der Puppen-Bräutigam kann seine
Satin-Weste ausziehen, und das Spiel mit dem
Puppenhaus kann beginnen. Puppen-Vater und
Puppen-Mutter sind da – und viele Puppenhaus-
Kinder können folgen.

Vorlagen: B, C, F, G, T, Y

30

**Neben dieser Auswahl aus der Brunnen-Reihe
haben wir noch viele andere Bücher im Programm:**

**Hobby- und Bastelbücher, Bücher zum Spielen und Lernen
mit Kindern, Ratgeber-Bücher für Eltern**

**Wir informieren Sie gerne - fordern Sie
einfach unsere neuen Prospekte an.**

3-419-55931-3

3-419-55885-6

3-419-55897-X

3-419-55788-4

3-419-55906-2

Wir sind für Sie da, wenn Sie Fragen zu AutorInnen, Anleitungen oder Materialien haben.
Und wir interessieren uns für Ihre eigenen Ideen und Anregungen. Faxen, schreiben Sie oder rufen Sie uns an.
Wir hören gerne von Ihnen! Ihr Christophorus-Verlag

CHRISTOPHORUS
Bücher mit Ideen

Hermann-Herder-Str. 4 / 79104 Freiburg i. Breisgau

Tel: 0761/2717-0 oder Fax: 0761/2717-352